BUMMELINE

SCHLURFINE

OTTO UND

SCHLAUFINCHEN

Katja Alves,
geboren in Coimbra (Portugal) und aufgewachsen in der Schweiz,
gehört zu den bekanntesten Schweizer Kinderbuchautorinnen.
Sie arbeitete als Buchhändlerin, Spieleerfinderin, DJ, Rundfunkredakteurin,
Kolumnistin und Lektorin. Katja Alves lebt mit ihrer Familie in Zürich
und tüftelt am liebsten an neuen Kinderbuchgeschichten herum.

Andrea Stegmaier
Andrea Stegmaier lebt mit ihrer Familie und vielen Stiften in einem
kleinen Häuschen in Stuttgart. Morgens, nach dem Frühstück, setzt sie
sich – zusammen mit ihren Stiften – an einen Tisch und zeichnet.
Dabei vergisst sie alles um sich herum. Auf diese Weise illustriert
sie seit 2018 viele Bücher für verschiedene Verlage.

Ein Verlag in der Westermann Gruppe

1. Auflage 2024
© 2024 Arena Verlag GmbH
Rottendorferstr. 16, D-97074 Würzburg
Alle Rechte vorbehalten
Text: Katja Alves
Der Text wurde vermittelt durch die Agentur Charlotte Larat
Illustrationen: Andrea Stegmaier
Die Illustrationen wurden vermittelt durch die Agentur Oliver Brauer
Lektorat: Annette Stanger
ISBN 978-3-401-71998-6

Besuche den Arena Verlag im Netz
www.arena-verlag.de

Katja Alves · Andrea Stegmaier

Guten Morgen, kleine Siebenschläfer, aus den Bettchen, fertig, los!

Es ist Zeit zum Aufstehen. Aber um Himmels willen! Was ist denn hier los?
Die sechs schlauen Siebenschläfer liegen noch immer in ihren Bettchen. Dabei müssten sie längst aufgestanden sein.
Könntest du bitte ihre Mama rufen, damit sie die Kleinen weckt?

Oje, das Rufen nützt leider nichts. Guck mal,
die arme Mama Siebenschläfer ist krank.
Sie hustet und niest ganz fürchterlich.
In der Küche ist eine Nachricht von
Mama Siebenschläfer für dich.
Schau mal nach!

Hallo, liebes Kind,

was für ein Glück, dass du wach und munter
bist! Heute ist zwar kein schlimmer, aber auch
kein besonders schöner Tag.
Mir tut der Kopf weh, und auch der Hals kratzt.
Außerdem sticht es ein bisschen im linken Ohr
und noch mehr im rechten. Von der laufenden
Nase gar nicht zu reden. (Hatschi!)
Deshalb muss ich heute leider im Bett bleiben.

Kannst du meine sechs schlauen Siebenschläfer
wecken und sie für den Kindergarten bereit
machen? Das ist auch gar nicht schwierig, denn
sie trödeln (fast) nie herum. Außer vielleicht ein
bisschen am Montag, manchmal am Dienstag,
hin und wieder am Mittwoch, ab und zu am
Donnerstag, vielleicht am Freitag und gelegentlich
am Samstag. Dafür trödeln sie am Sonntag nur
ganz selten.

Herzlichen Dank und viele liebe Grüße von Mama
Siebenschläfer (Hatschi!)

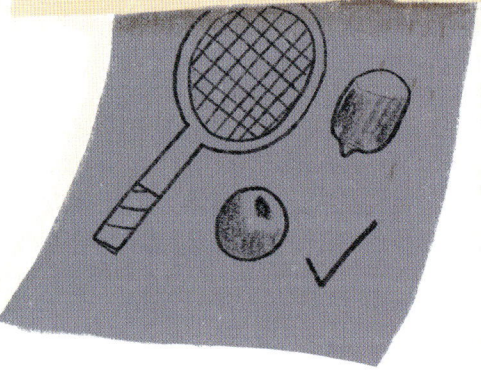

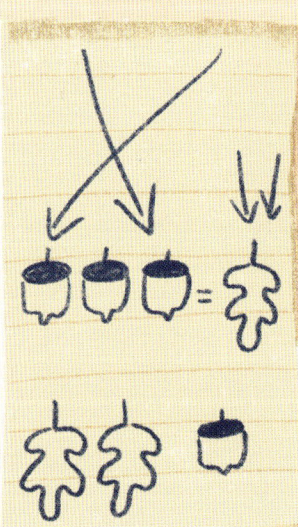

Oh, da hat sich kaum eine der Schlafmützen geregt.
Nur der kleine Otto ist schon aufgestanden.
Kannst du die anderen ganz laut rufen?

„Aufstehen, Schlafmützen! Husch, husch, husch!"

Nein, so was! Sie sind noch viel zu verschlafen.
Rufe sie nochmals und diesmal mit ihren Namen.
„Aufstehen: Schnarchi, Schlurfine, Bummeline,
Schlaufinchen und Flauser."

Das hast du gut gemacht. Aber damit sie richtig
wach werden, müssen sie sich lang machen und
dehnen wie dünne Bäumchen im Wind.
Zeigst du ihnen, wie das geht?

Jetzt sind endlich alle wach. Zuerst geht es ins
Bad. Aber Hilfe, die kleinen Siebenschläfer
sollen doch keine Wasserschlacht veranstalten!
Sie müssen sich schleunigst das Gesicht
waschen. Kannst du ihnen zeigen, wie das geht?
Nimm deine Hand als Waschlappen.

Die kleinen Trödler sind immer noch in ihren Schlafanzügen.

Geh zum Fenster, und schau nach, ob es draußen regnet oder ob die Sonne scheint. Was sollen die kleinen Siebenschläfer heute anziehen? T-Shirt und Sonnenhut, Jacken und Mützen oder einen Schneeanzug und Wollhandschuhe?

Wie ist das Wetter vor deinem Fenster?

Oh, oh, ich glaube, drei kleine Siebenschläfer müssen sich noch mal umziehen. Welche sind es?

Die sechs kleinen Siebenschläfer haben Hunger.
Sie wollen sofort ihren Haferbrei essen. Aber die
Haferflocken sind noch nicht weich gekocht.
Kannst du ihnen dein Lieblingslied vorsingen,
damit die Zeit schneller vergeht?

Das war wirklich schön. So schön, dass
die Siebenschläfer jetzt tanzen wollen.
Dreh dich dreimal mit ihnen im Kreis.

Oh nein! Riecht es hier etwa angebrannt? Vor lauter
Tanzen haben alle vergessen, nach dem Brei zu sehen.
Pass auf, dass er nicht am Topfboden klebt, und rühre
mit dem Kochlöffel zehnmal um.
Gut gemacht! Jetzt ist das Frühstück fertig.

Bloß, der Brei ist zu heiß.
Hilf den Siebenschläfern beim
Pusten, damit sie sich nicht
die Schnäuzchen verbrennen.

Sitzen alle brav am Tisch?
Zähle sie durch. Fehlt einer?
Nein, alle da!
Und was kommt nach dem Frühstück?

Richtig, Zähne putzen.
Na, so was! Schlaufinchen
und Schlurfine behaupten, sie
hätten das noch nie gemacht.
Kannst du ihnen vormachen,
wie Zähneputzen geht?
Dein Finger ist eine prima
Zahnbürste.

Siehst du die Zahnpasta-Tube? Sie ist schon fast leer. Drücke fest darauf. Vielleicht kommt noch etwas mehr Zahnpasta heraus.

Die schlauen Siebenschläfer wollen los zum
Kindergarten. Sie suchen ihre Schuhe und Mützen.
Aber der freche Flauser hat sie alle versteckt.
Kannst du ihnen helfen, alle fünf Mützen zu finden?

Fehlt noch etwas? Natürlich: Die Siebenschläfer
möchten ihre Kindergartentäschchen mitnehmen.

Sechs kleine Siebenschläfer packen ihren Proviant für
die Pause ein: drei Kastanien, vier Nüsse und sieben
grüne Blätter. Was nimmst du am liebsten mit?

Oh, nein! Otto hat seine drei Kastanien und
zwei seiner Nüsse verloren. Wo sind sie nur?

Und Schnarchi schläft schon wieder. Kannst du
ihm helfen und seine Tasche fertig packen?
Was fehlt ihm noch?

Los geht's! Moment: Sind wirklich alle da?
Zähle die sechs kleinen Siebenschläfer nochmals durch!

Siehst du Opa Siebenschläfer? Er kommt, um die Kleinen
abzuholen.

Jetzt kannst du dich von ihnen verabschieden:
„Tschüss, Schnarchi, tschüss, Flauser, tschüss, Bummeline,
tschüss, Schlurfine, tschüss ,Schlaufinchen und tschüss, Otto.

Die Schiebenschläfer drücken ihren Opa ganz fest.
Und wen umarmst du?